2.5.99

Herrn Hartwig Niemann
herzliche Segenswünsche
und täglich einen
Anlaß zum Lächeln!

Ihre
Erika Schuchardt
> wie S.69 <

Karika-TOUREN durch Niedersachsen

Erika Schuchardt / Walther Keim (Hrsg.)

Karika-TOUREN durch Niedersachsen

Ein Land im Spiegel der gezeichneten Satire

Wartberg Verlag

»Das Land ist weit, in Winden, eben,
sehr großen Himmeln preisgegeben«.

Rainer Maria Rilke
im Worpsweder Moor

»Niedersachsen ist zwar nicht die Welt,
aber es liegt in der Welt!«

Hans Guhr
1. Leiter des NWDR in Hannover am 22. Mai 1948 anläßlich der Erstausstrahlung
der Funkbilder aus Niedersachsen

Umschlaggestaltung: Reiner Schwalme

1. Auflage 1996

Druck: Werbedruck Schreckhase, Spangenberg
Buchbinderische Verarbeitung: Hollmann, Darmstadt

34281 Gudensberg-Gleichen, Im Wiesental 1, Tel. 05603/4451 u. 2030
ISBN 3-86134-359-2

INHALT

Sagenhafter Niedersachse
Grünkohl und Pinkel
Outfit von VW, Wolfsburg, gesponsort
Eulenspiegeleien aus Braunschweig
Leibniz-Kekse
JEV
Korn-kammer
DOORN
Kohle aus dem Harz
EXPO 2000
Entsorgungs-park Gorleben
Zukunftsweisendes aus Hannover
Echte Münchhausen-Kanonenkugel aus Bodenwerder
Mohr

Vorwort der Präsidentin des Deutschen Bundestages, Frau Prof. Dr. Rita Süssmuth

»Niedersachsen ist zwar nicht die Welt, aber es liegt in der Welt«,
das war Motto der Erstausstrahlung der »Funkbilder aus Niedersachsen« am 22. Mai 1948 und das bleibt ein Motto, das sich weiter wandelt – besonders im Blick auf die bevorstehende Weltausstellung EXPO 2000. Denn spätestens dann werden sich alle Augen auf Niedersachsen richten, dann wird – für einige Zeit – »Niedersachsen die Welt« sein.

Daß Niedersachsen als Bundesland noch dazu eine 50jährige, reiche und mannigfach geprägte Geschichte vorweisen kann, die es lohnt, eigenständige »Karika-Touren durch Niedersachsen« zu unternehmen, belegen die hier von Erika Schuchardt und Walther Keim zusammengetragenen und kommentierten Bilder-Arbeiten. Ereignisse und Personen finden sich wieder in nachdenklichen, bisweilen ironischen, auch satirischen Spiegelungen, die auf unterhaltsame Weise zum Nachdenken anregen, Teilnahme, vielfach auch spontane Stellungnahme herausfordern. Zugleich erfahren Entwicklung und gewachsene Eigenständigkeit Niedersachsens in der Abfolge der Bilder und Kommentare eine illustrative Neubelebung.

Als Präsidentin des Deutschen Bundestages und gleichermaßen als Niedersächsin wünsche ich dem Buch viele Leser, die über das Lachen einen neuen Weg in die Politik, einen Weg zum Nachdenken, Umdenken, Sich-Einmischen entdecken, damit wir in Zukunft Niedersachsen gemeinsam angehen und gestalten können.

Rita Süssmuth

Prof. Dr. Rita Süssmuth
Präsidentin des Deutschen Bundestages

Geleitwort des Ministerpräsidenten des Landes Niedersachsen

Liebe Leserinnen und Leser,

am 01. November 1946 verfügte die britische Militärregierung mit Verordnung Nr. 55 die Bildung des Landes Niedersachsen. Dieser neue Flächenstaat trat damit die Rechtsnachfolge der in ihm vereinigten Länder Braunschweig, Hannover, Oldenburg und Schaumburg-Lippe an. Schon der erste Ministerpräsident dieses neu geschaffenen Bundeslandes, Hinrich Wilhelm Kopf, sagte voraus, Niedersachsen werde trotz des Formalaktes seiner Gründung kein künstliches oder willkürliches Gebilde sein, sondern durch die Art seiner Bewohner, durch seine gleichartige Struktur, Tradition und wirtschaftliche Geschlossenheit ein organisch gewachsenes zusammenhängendes Ganzes.

Hinrich Wilhelm Kopf hat recht gehabt: Ein ganzes Land ist es geworden – mit allem, was es über eine bloße Region erhebt. Und Niedersachsen ist ein großes Land geworden: größer als die Schweiz, ein Land mit fast soviel Menschen wie Schweden und einer Hauptstadt, die dort liegt, wo sie vor 750 Jahren gegründet wurde: am Schnittpunkt der großen Ost-West und Nord-Süd-Handelsstraßen, exakt in der Mitte Europas. Niedersachsen ist künstlich zusammengesetzt und doch historisch gewachsen. Es ist ein Land der ausgeprägten Regionen, die ihren eigenen Stolz und ihren festen Standort haben.

Der 50. Geburtstag ist ein guter Anlaß, die Geschichte dieses Landes Revue passieren zu lassen. Die Karikatur ist dabei ein ungewöhnliches Medium, das kritische Distanz, aber auch Unterhaltung verspricht. Sie legt auf humorvolle Art und Weise die Stärken und Schwächen der politischen Akteure sowie der hier lebenden Menschen bloß und regt damit zum Nachdenken an.

Für uns ist in diesem Jahr das Gründungsjubiläum ein Anlaß für eine Standortbestimmung des heutigen Niedersachsen wie auch für einen nachdenklichen Blick zurück. Die Geschichte des Landes im Spiegel der Karikatur leistet hierzu einen besonderen Beitrag.
Ich wünsche allen Leserinnen und Lesern dieses Bandes neue Einsichten und vor allem gute Unterhaltung. All denen, die zum Zustandekommen dieses Bandes beigetragen haben, danke ich im Namen der Landesregierung herzlich.

Gerhard Schröder
Niedersächsischer Ministerpräsident

I.
Stunde Null
oder
Zwischen Montage und Demontage

Heute – Morgen ?   Mirco Szewczuk (1946)

Deutschland kapituliert am 7./9. Mai 1945. Im Juni übernehmen die vier Alliierten die oberste Regierungsgewalt. Das Deutsche Reich wird in vier Besatzungszonen, Berlin wird in vier Sektoren aufgeteilt. Aus den Ländern Braunschweig (seit April 1945), Oldenburg (ab 17. Mai), Schaumburg-Lippe (ab 24. Mai) und Hannover (zunächst Provinz, ab 23. August 1946 Länderstatus) entsteht durch die Verordnung 55 der britischen Militärregierung am 1. November 1946 das Land Niedersachsen.

Montage und Demontage

Mirko Szewczuk (1947)

Lebensmittelmangel, Schwarzhandel, Wohnungsnot, Arbeitslosigkeit, Flüchtlingselend und Demoralisierung, zerstörte oder beschädigte Industrieanlagen, mangelhafte Verkehrswege, Besatzungskosten sowie Demontagen bestimmen die Lage nach 1945 auch in Niedersachsen. Mit Sachlichkeit, Engagement und Gemeinsamkeit betreiben die politischen Parteien in Zusammenarbeit mit gesellschaftlichen Gruppierungen und Institutionen den demokratischen Neuaufbau.

Der eiserne Vorhang — Mirko Szewczuk (1946)

Seit dem 30. Juni 1946 ist die Demarkationslinie zwischen den Westzonen und der sowjetischen Besatzungszone geschlossen. Mangels Stacheldraht bleibt der »eiserne Vorhang« aber vorerst noch durchlässig. Die Länge der Demarkationslinie und späteren Staatsgrenze der DDR, die Deutschland teilte, betrug insgesamt 1.345 km. Davon bildeten 525 km die Ostgrenze des Landes Niedersachsen.

Gaukelspiel der Kalorien Mirko Szewczuk (1946)

In der Nachkriegszeit wird Politik zu »einer Frage des Brotes und des Mehles und der Kartoffeln« (Kurt Schumacher). Besonders im Frühsommer 1948 spitzt sich die Lage zu. Rund 1500 Kalorien sind die Tagesration für »Otto Normalverbraucher«.

Alles geht in die Höhe — Almuth (HP 1950)

Ventile als Zwillengeschosse — Karl-Heinz Richard (HP 1950)

Die mit Wirkung vom 21. Juni 1948 in den drei westlichen Besatzungszonen durchgeführte Währungsreform legt auch in Niedersachsen den Grundstein für die Entwicklung der sozialen Marktwirtschaft. Preise, Temperaturen und Reklame gehen (unsere Zeichnung) in Hannover gleichermaßen in die Höhe. Beliebtes Spiel der Jugend: Die Verschlußkappen der Autoventile dienen als Munition für selbstgebastelte Zwillen (HP = Hannoversche Presse).

Schon alles besetzt

Mirko Szewczuk (1951)

2,2 Millionen Flüchtlinge und Vertriebene leben 1950 zwischen Nordsee und Harz, zwischen Emsland und Elbe. Die politische und soziale Eingliederung dieser Menschen gehört zu den wichtigsten innenpolitischen Aufgaben in einem Land, das zunehmend Tradition und Neuordnung flexibel miteinander verbindet. Aktionen zur Umsiedlung von Flüchtlingen in andere Bundesländer (unsere Karikatur) bringen nur wenig Entlastung für das gemischt agrar-industrielle Land.

Wer nicht pflügt, kann nicht säen –
wer nicht sät, kann nicht ernten!

Peter Leger (1950)

Anlaß der Karikatur ist das Auseinanderbrechen der Regierungskoalition im Jahr 1950. »Daneben« stehen und nicht mehr »mitpflügen« wollen offenbar Finanzminister Georg Strickrodt, der Minister für Wirtschaft und Verkehr, Otto Fricke, und Justizminister Werner Hoffmeister. Unbeirrt aber führt Hinrich Wilhelm Kopf, »roter Welfe«, Landesvater und Ministerpräsident zugleich, das Land aus den Zeiten des »Hungermarsches« und des »Kartoffelkrieges« in eine bessere Zukunft (Gründung der Hannover-Messe 1947, erste Bundesgartenschau 1952 in Hannover, Belebung von Wissenschaft und Kultur).

Es regt sich unterm Laub Mirko Szewczuk (1952)

Aus den zweiten Landtagswahlen vom 6. Mai 1951 geht ein stark verändertes Parlament hervor. 16 Abgeordnete der rechtsradikalen SRP ziehen in den Landtag ein. Ihre Mandate erlöschen, als das Bundesverfassungsgericht die Partei als Nachfolgeorganisation der NSDAP verbietet. SPD, BHE, der auf Anhieb 21 Sitze im Parlament erlangt, und das Zentrum (bis 1. Dezember 1953) bilden das zweite Kabinett Kopf.

Hanns Lilje H.M.-Brockmann (1960)

Nicht nur das Zonenrandprogramm, das Flurbereinigungsgesetz, der Küstenplan prägen die Landespolitik der ersten Hälfte der 50er Jahre, verbunden mit der Neuordnung des Schulwesens entbrennt ein mit Heftigkeit geführter »Kulturkampf«. Erst der am 19. März 1955 zwischen Regierung und evangelischen Landeskirchen geschlossene »Loccumer Vertrag« klärt – wie später das Konkordat – das Verhältnis zwischen Staat und Kirche. Hanns Lilje (unsere Zeichnung), amtierender hannoverscher Landesbischof von 1947 – 1971, spielt dabei eine bedeutende Rolle.

Der Letzte — Wigg Siegl (1955)

Im Januar 1955 gibt die Sowjetunion bekannt, daß sie den Kriegszustand mit Deutschland als beendet ansieht. Ergebnisse des Staatsbesuchs von Bundeskanzler Konrad Adenauer vom 8.–14. September in die UdSSR sind die Aufnahme diplomatischer Beziehungen und die Rückkehr deutscher Kriegsgefangener. Erinnerungen auch an Friedland, das seit 1945 als Grenzdurchgangslager für Kriegsgefangene, Vertriebene und Aussiedler Geschichte mitgeschrieben hat.

II.
Wir sind wieder wer
oder
»Geh'n wir mit der Konjunktur... «

Und die haben doch gesiegt — Wigg Siegl (1955)

Für die Bundesrepublik ist der Gewinn der Weltmeisterschaft im Fußball 1954 (»Wir sind wieder wer«) ein großer Erfolg. Im gleichen Jahr feiert Niedersachsen die Deutsche Meisterschaft von Hannover '96 (5 : 1 am 23. Mai gegen Kaiserslautern). Am 3. Juni 1967 wird Eintracht Braunschweig Deutscher Meister. Aber nicht nur im Fußball, auch in anderen Sportarten werden von Niedersachsen über Jahrzehnte hinweg bedeutende Siege errungen, z.B. durch den Springreiter Franke Sloothaak oder die Sprinterin Melanie Paschke.

Grün war die Heide, die Heide war grün

Max Radler (1956)

Zahlreiche Manöver veränderten oder zerstörten Teile der zuvor als idyllisch empfundenen Heidelandschaften. Wanderwege verschwanden und es kam zu Umweltproblemen. Dennoch, mit dem Naturpark Lüneburger Heide und seinem Zentrum Wilseder Berg kann Niedersachsen mit dem ältesten Naturpark in Deutschland und den größten zusammenhängenden Heideflächen in einem europäischen Naturpark aufwarten.

»Was soll'n der Zinnober da?« »Weißte nicht? Das gibt 'ne Ruhmesallee – hier kommt Seebohm lang, der will wieder 'ne dicke Rede schwingen!« Josef Sauer (1956)

Eine im »Simpliccissimus« veröffentlichte Zeichnung zum Deutschen Fremdenverkehrstag 1956 in Hannover, die Bundesminister Christoph Seebohms Verkehrspolitik kritisch unter die Lupe nimmt. Heute hat Niedersachsen das längste Eisenbahnnetz aller Bundesländer. 80.000 Kilometer Straßen führen durch das zweitgrößte Bundesland, davon 1.300 Kilometer Autobahnen.

Generaldirektor Prof. Dr. h. c. Nordhoff
»Edler von Wolfsburg« H. M.-Brockmann (1955)

Drei Superlative verbinden sich mit Wolfsburg: VW ist die größte Automobilfabrik Europas, der größte Industriebetrieb in Niedersachsen und sein bedeutendster Steuerzahler. Heinrich Nordhoff, der das Volkswagenwerk seit 1948 leitete, hat an dieser Entwicklung erheblichen Anteil.

Die deutsche Prozession: Und sie trugen ein goldenes Kalb unter einem Himmel und stellten noch mancherlei Götzen zur Schau und streuten Aktien unter die Menge. Und das Volk lief zuhauf, warf sich nieder und schrie: Diese lasset uns wählen!
Manfred Oesterle (1957)

In den 50er Jahren entwickelte sich in der Bundesrepublik, bescheidener in Niedersachsen, ein solider Wohlstand. Zwischen 1952 und 1958 steigen die Tariflöhne um durchschnittlich sieben Prozent pro Jahr. »Keine Experimente« lautet der politische Slogan auf Bundesebene. Auf die »Freßwelle« folgt die »Autowelle«.

Die Industrie ruft

Manfred Oesterle (1956)

Es war einmal: Schon an der Schultreppe werden Lehrlingsstellen angeboten. Schülerkommentar laut der satirischen Zeitschrift Simplicissimus: »Ihr seid wohl bekloppt – wir gehen als Hilfsarbeiter: in einem halben Jahr sind wir unterstützungsberechtigt.«

»Schon vor 120 Jahren hat der Minister v. Rochow von Leuten Ihres Schlages gesagt: ›Es ziemt dem Untertanen nicht, die Handlungen des Staatsoberhauptes an den Maßstab seiner beschränkten Einsicht anzulegen.‹ Schreiben Sie dat fünfzigmal ab!«

Max Radler (1957)

Ein weltweites Echo findet im April 1957 der Appell und die Warnung der »Göttinger Achtzehn«, unter ihnen die Nobelpreisträger Max Born, Otto Hahn, Werner Heisenberg und Max von Laue, die Bundeswehr nicht atomar aufzurüsten. Zur weltpolitischen und strategischen Lage im Atomzeitalter findet am 17. April mit einigen Atomwissenschaftlern in Bonn ein Gespräch mit Bundeskanzler Adenauer statt.

Felix Mussil (1957)

Die dritte Landtagswahl in Niedersachsen am 24. April 1955 führt zum ersten Mal zu einer bürgerlichen Koalition nach »Bonner Muster«. Heinrich Hellwege besteht eine Krise um den rechtsgerichteten Kultusminister Leonhard Schlüter, der nach 17 Tagen Amtszeit zurücktritt. Im November 1957 zerbricht die Regierungskoalition an der Weigerung von FDP und GB/BHE, ihr Hospitantenverhältnis zur DRP zu lösen.

Der Prinzgemahl

Wilhelm Hartung (1957)

Im November 1957 bildet Heinrich Hellwege eine »Große Koalition«, der Hinrich Wilhelm Kopf als stellvertretender Ministerpräsident und Innenminister angehört. Der Landesvater und Hellwege als Hochzeitspaar.

Auf grünem Plan — Max Radler (1963)

Nicht ohne Probleme vollzieht sich der wirtschaftliche Aufstieg Niedersachsens in der zweiten Hälfte der 50er Jahre: Trotz der Wiederbelebung des Erzbergbaus, der Eisenverhüttung (Salzgitter), dem Ausbau eines Ölumschlaghafens, einem Binnenlandprogramm für die Wasserwirtschaft und die Bodenkultur bleiben die Landwirtschaft (Schlagwort: EWG-Politik) und eine unausgeglichene Industriedichte ökonomische Sorgenkinder.

Hochwasser

Peter Leger (1958)

»Schöne Pläne verhindern noch kein Hochwasser«, kritisierte Peter Leger schon 1958. Durch die Jahrhundertflut am 16./17. Februar 1962 werden viele Deiche beschädigt, 37.000 ha Land überflutet, Viehbestände dezimiert. 19 Menschen verlieren ihr Leben. Die positiven Ereignisse des Jahres: In Walsrode wird der größte Vogelpark der Welt eröffnet, der Landtag bezieht das Leineschloß als neues Sitzungsgebäude.

In Hannover an der Leine ... Wolfgang Hicks (1959)

Nach der vierten Landtagswahl am 19. April 1959 bildet die SPD als stärkste Fraktion unter Hinrich Wilhelm Kopf eine Koalitionsregierung mit GB/BHE und FDP. Nach dem Tode des Regierungschefs am 21. Dezember 1961 führt der bisherige Sozialminister Georg Diederichs die Koalition weiter.

Das Niedersachsenroß mit neuem Hinterteil? Wilhelm Hartung (1965)

Die nach den fünften Landtagswahlen vom April 1963 gebildete SPD-FDP Koalition zerbricht im Mai 1965 wegen des Konkordats und der damit zusammenhängenden Schulgesetznovelle. Es folgt die dritte Große Koalition seit Kriegsende mit Richard Langeheine (CDU) als stellvertretender Ministerpräsident und Kultusminister. Die Zusammenarbeit wird auch nach den Landtagswahlen vom 4. Juni 1967 fortgesetzt.

Niedersachsenroß

Hans Weber (1965)

Illustration des Simplicissimus-Zeichners zur Bildung der Großen Koalition in Hannover, durch die die CDU für fünf Jahre in die Regierungsmitverantwortung geführt wird. Achim Kiel: »Und ist es semiotisch interessant, wie unter den Händen der Zeichner das aus der Feudalzeit des Mittelalters weitervererbte Landeswappen mit dem Niedersachsenroß am Ende des

20. Jahrhundert über 50 Jahre lang wieder verstärkt zum bedeutenden Träger untersch edlichster politischer und sozialer Inhalte wird, wenn auch unter republikanischen Vorzeichen.«

»Blau ist er, kobaltblau,
und am vorderen Kotflügel hat
er 'ne kleine Beule!«

Volker Ernsting (1967)

Anspielung auf den Erfolg des weltweit meistgebauten PKW. 50 Millionen Volkswagen werden bis 1994 allein in Niedersachsen produziert.

»Angeber!« Volker Ernsting (1967)

Das bis heute unvergessene Image des »Käfers«: Preiswert, zuverlässig, robust. Der erfolgreiche Slogan: »Er läuft und läuft und läuft ...« Am 1. Juli 1974 wird in Wolfsburg der letzte schon legendäre »Käfer« produziert, im Werk Emden am 19. Januar 1978.

Der Teufel steckt im Detail — Peter Leger (1969)

Bedeutsame Aufgaben wie die Gebiets- und Verwaltungsreform und das Hochschulgesetz hat die große Koalition unter Ministerpräsident Georg Diederichs bis zu ihrem Zerfall (1970) und der vorzeitigen Parlamentsauflösung nicht bewältigen können. Nach achteinhalb Jahren Amtszeit verläßt Georg Diederichs, als Mann des Ausgleichs und der Kompromißbereitschaft beschrieben, den Stuhl des Ministerpräsidenten.

»Diese Verwaltungs- und Gebietsreform,
Herr Landtagskollege, ist wirklich
ein heißes Eisen!«

Peter Leger (1969)

Die Gebiets- und Verwaltungsreform in Niedersachsen, wie auch in anderen Bundesländern durch viele lokale Interessen und Vorbehalte gegen Veränderungen gekennzeichnet, wird im Juni 1974 endlich verfassungsmäßig anerkannt. Aus 4.100 früheren Gemeinden entstehen 425 neue kommunale Einheiten.

III.
Augen auf und durch…
oder
Politik zwischen Tradition und Wandel

»Auf schwachen Beinen, aber im Sattel!« Peter Leger (1972)

Zu den Landtagswahlen vom 14. Juni 1970 tritt die SPD mit Alfred Kubel als Spitzenkandidat und dem neuen Landesvorsitzenden Peter von Oertzen an. Auch durch verstärkte Öffentlichkeits- und Medienarbeit gewinnt sie mit einem Sitz mehr als die CDU (74 Mandate) die absolute Mehrheit. Der niedersächsische Landtag wird zum ersten bundesrepublikanischen Parlament mit einem Zweiparteiensystem. Alfred Kubel wird Regierungschef.

»Bonn hilf, jeder deutet's anders« Peter Leger (1973)

Der Radikalenerlaß der Ministerpräsidenten, heftig diskutiert, von Alfred Kubel konsequent verteidigt, führt zu Konflikten in der niedersächsischen Innen- und Regierungspolitik. Auf der Zeichnung von links nach rechts die Ministerpräsidenten: Hans Filbinger, Alfons Goppel, Heinz Kühn, Helmut Kohl, Gerhard Stoltenberg und Alfred Kubel.

Bundestagsdebatte vor der Niedersachsenwahl — Peter Leger (1974)

Besonders in Zeiten verstärkter politischer und ideologischer Auseinandersetzungen versucht die Bundespolitik – seit Adenauer – auch Einfluß auf landespolitische Entwicklungen zu nehmen. Im Frühjahr 1974 hat der neue Bundeskanzler Helmut Schmidt mit wirtschaftlicher Rezession (Ölkrise), steigenden Arbeitslosenzahlen und hohen Inflationsraten zu kämpfen. Die Niedersachsenwahl findet daher auch im Bonner Bundeshaus besonderes Interesse.

Große niedersächsische Zählaktion

Marie Marcks (1974)

Zettelflut: Die Zeichnung nimmt Bezug auf Unregelmäßigkeiten bei der Stimmenauszählung zur Landtagswahl 1974. In einem Wahlprüfungsverfahren wird später der CDU ein Mandat der SPD zugesprochen.

Erfolgreich, aber… Josef Partykiewicz (1974)

Bei den Landtagswahlen vom 9. Juni 1974 wird die CDU, die schon bei den Kommunalwahlen 1971 beträchtliche Gewinne erzielt hatte, mit 48,9 Prozent der Stimmen stärkste Partei. SPD und FDP, die zusammen eine knappe Mehrheit behalten, bilden die neue Landesregierung. Als Ministerpräsident Kubel am 14. Januar 1976 in den Ruhestand geht, haben Richtungskämpfe und Abnutzungserscheinungen bei der Sozialdemokratischen Partei schon längst die Weichen für abnehmende Regierungsfähigkeit gestellt.

IV.

Ostfriesisches Zwischenspiel

oder

Erzählt, erklärt, kapiert

Zeichnungen von Wilhelm Hartung

Wetterbericht

So'n Wiehnachts-Chor, de höört nich op.
Dree Stünnen singen; un keen Stopp.
De Hannen sünd koold, dat Hemd man dünn,
veel Snee un Küll un wenich Sünn.
De Lüttste vun de veer mutt fix
– is dat'n Wunner? – ut de Büx.

Nerrn op de Eerd door markt se bald,
dat mang den Snee ok Regen fallt. –
De Metrologen sünd in Not, –
ok ehr Kompjuter weet keen Root.

So haut een Engel, de mool mutt,
den ganzen Wetterdeenst in'n Dutt.

Wilhelm Hartung

In Niedersachsen sind noch eine Reihe von Mundarten lebendig, dies ist eine von ihnen.

Wilhelm Hartung

Frage: Woran merken die Ostfriesen, daß sich das Wetter ändert?
Antwort: Wenn die Starfighter so tief fliegen.

Wilhelm Hartung

Frage: Warum gibt es in Ostfriesland keine Trecker?
Antwort: Weil die nicht auf Hüh und Brrr reagieren.

Heinz Knoke

»Schwere Marsch« (links) »Leichte Geest« (rechts)

Wilhelm Hartung

Praktischer als die Rechenmaschine der Adam Riese GmbH war die Erfindung von Gottfried Wilhelm Leibniz, der viele Jahre als Philosoph, Bibliothekar und Hofgeschichtsschreiber in Hannover lebte und wirkte. Seine mathematischen und technischen Kenntnisse führten zur Erfindung der ersten Rechenmaschine mit Staffelwalzen. In Braunschweig entstand später das erste Werk zur maschinellen Herstellung.

V.
Kurswechsel
oder
Niedersachsens »Strahlezeit«

Wechselheidschnucke — Peter Leger (1976)

Überraschend gewinnt Ernst Albrecht, der mit Hasselmann, Remmers und Schnipkoweit zur Führungsmannschaft der CDU zählt, am 14./15. Januar und am 6. Februar 1976 gegen die SPD-Kandidaten (zunächst Finanzminister Kasimier, dann Bundesminister Karl Ravens) die Wahl zum Ministerpräsidenten. 14 Jahre bleibt er Regierungschef. Während Albrechts Sieg bundesweit als Sensation empfunden wird, sucht die Koalition nach jenen Abgeordneten, die für den CDU-Kandidaten gestimmt haben müssen.

Strahlemann Superstar
»Ein Glück für uns, daß er nicht
auch noch singen kann…«

Hanns Erich Köhler (1976)

»Drei Wünsche frei – wenn du mich rausläßt!« Eckhart Munz (1976)

Das Werben Albrechts um die FDP (hier mit FDP-Vorsitzenden Rötger Groß) führt im Januar 1977 zur Aufnahme von zwei FDP-Ministern in das bisherige Rumpfkabinett, in dem Walter Leisler Kiep als Wirtschaftsexperte, Werner Remmers als Schulfachmann und Eduard Pestel, der als Gegner der Kernenergie gilt, als gute Wahl angesehen werden.

Großen Sprung verweigert — Klaus Pielert (1979)

Durch Appelle an die Bundesregierung gelingt es Ernst Albrecht 1979, das seit 1977 in der Diskussion befindliche Wiederaufbereitungsprojekt Gorleben (Albrecht: »technisch machbar, aber politisch nicht durchsetzbar«) zu stoppen.

The show must go on — Klaus Pielert (1980)

Ernst Albrecht, der von 1976 bis zur elften Wahlperiode (1990) jeweils als Regierungschef bestätigt wird, propagiert die Einführung des Privaten Rundfunks in der Bundesrepublik. Im Mai 1980 kann mit einem erneut formulierten Staatsvertrag über den NDR Einigkeit mit dem Ministerpräsidenten von Schleswig-Holstein, Gerhard Stoltenberg, und dem Hamburger Ersten Bürgermeister Hans-Ulrich Klose erzielt werden. Heute ist der NDR eine von Hamburg, Mecklenburg-Vorpommern, Schleswig-Holstein und Niedersachsen betriebene Vierländeranstalt.

Felix Mussil (1986)

Nach einem überzeugenden Sieg bei den Landtagswahlen 1982 macht der Zittersieg von 1986 das Regieren für die CDU zu einem vielfältigen Wechselbad. Eine Koalition mit der FDP wird notwendig, um eine Ein-Stimmen-Mehrheit zu sichern.

Viel Optimismus in Niedersachsen — Pepsch Gottscheber (1986)

Als »Kurs-Wahl« wird die Landtagswahl angesehen, auch mit bundesweiter Auswirkung. Zwei »Lager«, CDU und FDP und Rot/Grün, stehen sich gegenüber. Lächeln, fast um jeden Preis, ist 1986 in Niedersachsen und in Bonn angesagt. Nach den Landtagswahlen werden auch für die bevorstehenden Bundestagswahlen die besten Startplätze ausgesucht.

Fest im Sattel | Rolf Henn (1988)

Erfolge der Albrecht-Regierung in der Deutschlandpolitik, beim Abbau der Nettoneuverschuldung und der Zahl der Arbeitslosen werden in der Öffentlichkeit beeinträchtigt durch Vorfälle wie den – 1986 bekannt gewordenen – Anschlag auf das Celler Gefängnis von 1976, die Spielbank-Affäre, die zum Rücktritt Hasselmanns als Innenminister führt, sowie Verdächtigungen von Amtsmißbrauch bei der Kriminalpolizei und im Innenministerium. Doch das von der Opposition (Schröders Handtuch liegt im Ring) eingebrachte Mißtrauensvotum (19. Dezember 1988) scheitert.

Deutschlands bekannteste Lustspielbühne — Peter Leger (1989)

»Sie werden sehen, ein bißchen Farbe hier ein wenig Politur da, und der Kahn ist wieder flott!« — Rolf Henn (1990)

Als designierte Nachfolgerin Albrechts im Amt des niedersächsischen Ministerpräsidenten soll Bundestagspräsidentin Rita Süssmuth dazu beitragen, die Landtagswahlen 1990 zu gewinnen und damit die Mehrheit im Bundesrat zu sichern.

Schröders Kunststoß — Gerhard Mester (1990)

High Noon an der Leine — Gerhard Mester (1990)

Mit 44, 2 Prozent der Stimmen wird die SPD bei den Landtagswahlen vom 13. Mai 1990 stärkste Partei. Ein rot-grüner Koalitionsvertrag kommt schneller zustande als erwartet. Am 21. Juni 1990 wird Gerhard Schröder mit allen 79 Stimmen von SPD und Grünen zum Ministerpräsidenten gewählt. Ernst Albrecht, der für die CDU 42 Prozent erhält, verläßt im Juni 1990 die politische Bühne.

Nel (1996)

Mit der Wiedervereinigung wird Niedersachsen zu einem neuen Land in der Mitte Europas. Nach zu DDR-Zeiten schwierigen Beziehungen über den Stacheldraht hinweg werden mit dem Fall der innerdeutschen Grenze intensive politische, wirtschaftliche, soziale und kulturelle Begegnungen und Kontakte möglich. Sachsen-Anhalt, Partnerland Niedersachsens, erhält auf allen Ebenen wirksame Hilfe.

Nel (1996)

»Es wird zusammenwachsen, was zusammengehört.« (Willy Brandt)

Nel (1996)

Roß und Reiter – einmal getrennt.

Hannover: Stolz schwillt die Brust

Peter Leger (1990)

In Hannover, mit der Hannover-Messe und der Computer-Messe CeBit bereits führender Messeplatz der Welt, wird zur Jahrtausendwende die EXPO 2000 veranstaltet. »Mensch, Natur und Technik« stehen auf dem Programm. Mit 40 Millionen Gästen wird gerechnet.

VI.
Die Wende
oder
Rot-Grün als Schrittmacher

Gerhard Mester (1990)

»Donnerwetter! So lange ist da noch keiner oben geblieben!«

Rolf Henn (1992)

Gerhard Schröder, »Gespannführer« zwischen »Grünem Utopismus« und »sozialdemokratischem Pragmatismus«, tritt sein Ministerpräsidentenamt an mit den Leitmotiven: Modernisierung der Wirtschaft, ökologische Vernunft, soziale Gerechtigkeit und kulturelle Vielfalt. Trotz politischer Meinungsverschiedenheiten und Gegensätze zu den »Grünen« bleibt der auch bundespolitisch engagierte Politiker mit besonderen Interessen für Industrie- und Beschäftigungspolitik jederzeit Chef in der Manege.

Wulff mit Schrittmacher vor seinem Hoffnungslauf — Fritz Wolf (1994)

Zur Aufholjagd geht Christian Wulff, nach der Ära Albrecht/Hasselmann neuer Hoffnungsträger der CDU Niedersachsens, seit 1994 zugleich Landes- und Fraktionsvorsitzender, in den Landtagswahlkampf 1994. Wulffs Partei-Ziel: Neue Inhalte einbringen, ohne bewährte Positionen zu vernachlässigen.

Naja, für's Erste nicht schlecht!« Luff (1994)

Burkhard Mohr (1996)

Der Erfolg der Landtagswahlen vom 13. März 1994 gestattet Gerhard Schröder die Bildung einer SPD-Alleinregierung. Die CDU mit ihrem Spitzenkandidaten Christian Wulff erreicht 36,4 Prozent der Stimmen. Die Grünen gehen mit 7,4 Prozent in die Opposition, die FDP (4,4%) ist im Landtag nicht mehr vertreten.

Peter Gebauer (1996)

Drei Frauen und ein Mann, sämtlich MdB aus Braunschweig, kontrollieren u.a. die Bundesregierung in Bonn, beteiligen sich an der Gesetzgebung, vertreten die Interessen der Bürgerinnen und Bürger von Braunschweig im Bundeshaus am Rhein. Von links nach rechts: Erika Schuchardt (CDU), Ursula Schönberger (Bündnis 90/Die Grünen), Leyla Onur (SPD) und Walter Hirche (FDP). Rechts Till Eulenspiegel als interessierter Zuschauer.

Liebeserklärung an Braunschweig — Burkhard Mohr (1996)

Erika Schuchardt, Professorin für Bildungsforschung, ist eine von insgesamt 177 Frauen im Deutschen Bundestag. Zu Braunschweigs Löwen hat sie einen besonders guten Kontakt.

Burkhard Mohr (1996)

Seit vielen Jahren gehört die Niedersächsische Landesvertretung beim Bund zu einer der ersten Adressen in Bonn. Das »Niedersachsenhaus« ist ein ständiger Beobachter und Partner für Politik (Bundestag, Bundesrat), Wirtschaft und Kultur. Burkhard Mohrs Zeichnung zeigt (von links nach rechts) die zuletzt tätigen vier Bevollmächtigten der Landesvertretung: Herbert Hellmann (1967–1976), Wilfried Hasselmann (1976–1986), Heinrich Jürgens (1986–1990) und Jürgen Trittin (1990–1994). Davor, am Schreibtisch, der derzeitige Bevollmächtigte, Staatssekretär Helmut Holl.

Reiner Schwalme (1996)

Die Norddeutsche Landesbank Girozentrale (NORD/LB), im Wachstumsdreieck Hamburg – Berlin – Hannover zu Hause, ist die elftgrößte Bank in Deutschland. Unter den Landesbanken nimmt sie den dritten Rang ein. In Europa steht sie unter den Banken auf Platz 26, weltweit auf Platz 57. Sie beschäftigt mehr als 4.800 Mitarbeiterinnen und Mitarbeiter.

Nel (1996)

Nel (1996)

Der Kampf um die Arbeitsplätze der DASA in Lemwerder und die Gesamtlage des Unternehmens inspirierten den Zeichner Nel zu dieser grafischen Kommunikation.

Wie Till das Lachen verging

Reiner Schwalme (1996)

»Nur zwei Dinge auf dieser Welt sind uns sicher: der Tod und die Steuer.«
Benjamin Franklin (1706–1790)

Reiner Schwalme (1996)

Auch in Niedersachsen steigt die Schuldenlast der Kommunen rapide an. 252 befanden sich 1995 in »roten Zahlen«, 1996 sind bereits 382 Gemeinden betroffen, darunter die meisten größeren Städte. Bei den letzten Kommunalwahlen am 15. September 1996 erzielte die CDU 41,6 Prozent, die SPD 38,5 Prozent, Bündnis 90/Grüne 9,0 Prozent und die FDP 4,6 Prozent. Die freien Wählergemeinschaften erreichten 4,3 Prozent.

Burkhard Mohr (1996)

Nel (1996)

»Und du hast immer behauptet, im Watt is nix los!« Gerhard Mester

Gerhard Mester

(Betriebs)-Klimaschutz-Maßnahme

Jürgen Tomicek (1995)

Nel (1996)

Die Heide heute: Nur noch nostalgische Erinnerungen an tausendfach romantisierende Postkartenmotive und zahlreiche Heimatfilme?

Nel (1996)

Viel diskutiert wird nicht nur in Niedersachsen das Magnetschwebebahn-Projekt »Transrapid«, das im Emsland entwickelt wird und das einmal Hamburg mit Berlin verbinden soll.

Reiner Schwalme (1996)

Die Autofahrer im Braunschweiger Land zeichnen sich seit Jahren durch eine geringe Zahl von Verkehrsunfällen aus.

VII.
Land mit Weitblick
oder
Es kann nicht immer Politik sein

Er trank acht Lütje Lagen mit,
obwohl er noch am Magen litt.
Jimm Bruhns

Burkhard Mohr (1996)

Wie tief sie sich wohl kuscheln müssen,
wenn sich im Watt die Muscheln küssen.

Timm Bruhns

Burkhard Mohr (1996)

Burkhard Mohr (1996)

(Von links nach rechts)

vorne: Arno Schmidt: "Leuchttürme und Kühe, Kühe und Leuchttürme, daran werde ich mich NIE gewöhnen..."

Ricarda Huch: fährt und schweigt

hinten: Freiherr von Knigge: "Wenn's erlaubt ist, gnädige Frau: Hier sind nicht mehr als 70 km/h gestattet, und Sie fahren durchaus gute 80!"

G.E. Lessing: "Überhaupt ruiniert mir die Fahrt die Frisur."

G.W. v. Leibniz: "Mist, jetzt habe ich die Butterkeks-Packung verloren!"

Heiko Sakurai (1996)

Heiko Sakurai (1996)

Mehr als 160.000 Studierende sind zur Zeit an Niedersachsens Hochschulen eingeschrieben. Göttingen gehört zu den angesehensten deutschen Universitäten, die Technische Universität Braunschweig gilt als die älteste Technische Hochschule in Deutschland. Die Medizinische Hochschule Hannover genießt weltweiten Ruf, die Technische Universität Clausthal leistet Schrittmacherdienste im Bergbau und Hüttenwesen. Unsere zeichnerische Persiflage zeigt Geschichte auf der Hörsaalbank (von links nach rechts): Karl Marx, Lenin und Fidel Castro.

"Das wird Euch kein Mensch glauben, wenn Ihr's erzählt, Lügenbaron!"

Heiko Sakurai (1996)

»Lügenbaron« Karl Friedrich Hieronymus Freiherr von Münchhausen und Till Eulenspiegel bei gemeinsamem Ausritt, immer gut für ein Jagd- oder Reiseabenteuer oder einen Schwank.

Heiko Sakurai (1996)

Wilhelm Busch, Maler, Zeichner und Dichter, 1832 geboren in Wiedensahl, gestorben 1908 in Mechtshausen, Vater eindrucksvoller Bildgeschichten (Max und Moritz), hier gezeichnet vor der Silhouette des Wilhelm-Busch-Museums, Deutsches Museum für Karikatur und kritische Grafik in Hannover.

Von links: Gottfried Wilhelm von Leibniz, Werner Heisenberg, Birgit Breuel, Arno Schmidt, Karl Jaspers, Henri Nannen, Ricarda Huch, Rudolf Augstein, Otto Waalkes.

Von links: Gerhard Schröder, Kurfürstin Sophie, Werner von Siemens, Max Planck, Paula Modersohn-Becker, Wilhelm Busch, Gottfried Ephraim Lessing, Adolf Freiherr von Knigge, Doris Dörrie, Theo Lingen.

Reiner Schwalme (1996)

Reiner Schwalme (1996)

Metamorphosen des Niedersachsenrosses: Oben links Peter Legers neues Niedersachsen-Wappen. Große Koalition im Landtag (1970). Unten rechts: Helmut Schmidt als neuer Bundeskanzler im Vorfeld der Niedersachsenwahl (Ivan Steiger, 1974).

Oben: Horst Haitzinger interpretiert den Ausgang der Landtagswahl 1994 für die CDU mit dem Kürzel: »Sch...«.
Unten: »... und jetzt müssen sie auch noch das Landeswappen ändern.«(Jürgen Tomicek, 1994).

Burkhard Mohr (1996)

Achim Kiel (siehe nachfolgende Gedankenskizze): »Das jahrhundertealte Wappenpferd hat die Postmoderne nicht überlebt: die radikale sinnentleerende Abmagerungskur zum ›Punkt-, Komma-, Strich-Logo‹ hinterläßt nicht nur bei Freunden des Reitsports ein großes Fragezeichen.«

Von der Feder zum Filzer

Eine parteiische Gedankenskizze von Achim Kiel zur Karikatur als solcher und Niedersachsens im besonderen

»Die Kunst findet nicht im Saale statt« formulierte seinerzeit Klaus Staeck. Ebenso findet die Karikatur nicht im Katalog statt – ihre wirkliche Bühne sind die Kolumnen der Zeitungen, Journale und Illustrierten. Dort, im Rampenlicht des Tagesgeschehens, aber stets im Schatten der Schlagzeilen, kann sie erst ihre volle Wirkung entfalten. Denn die Kenntnis der Neuigkeiten ist eine unabdingbare Verständigungsebene zwischen Zeichner und Betrachter.

Karikatur ist die Kunst des flüchtigen Augenblicks: Der Lauf der Welt mit seinen rasant wechselnden Schauplätzen, Ereignissen und Akteuren generiert ständig neue Karikaturen und läßt sie am nächsten Tag bereits auf dem Schuttabladeplatz der Zeit verschwinden. Zusammen mit den zahllosen Pressefotos oft geringer Schöpfungshöhe, die das gezeichnete Bild quantitativ zu erdrücken scheinen, aber qualitativ doch so dringend nötig werden lassen.

Karikatur kann auch eine zeitlose Kunst sein: in der historisch begleiteten Retrospektive, wo die plakativ reduzierte Graphik per Kurzkommentar wieder vor ihren zeitgenössischen Hintergrund gestellt wird, läßt auch die längst vergilbte illustrierte Nachricht des Jahres 1946, »der Schnee von vorgestern also«, wieder etwas von ihrer ehemaligen Aktualität erahnen. Der Karikaturist wird zum Zeitzeugen, die Konturen seiner Zeichnung zum authentischen Seismographen der Geschichte, dokumentieren sie doch zeitgenau deren politische und soziale Erschütterungen.

Die Gattung der nicht naturnahen, komischen, ja sogar monströsen Darstellungen wurzelt in den Fabeln der Antike und pflanzt sich mit wechselnden Ausprägungen durch die gesamte Kunstgeschichte fort. Die Bezeichnung Karikatur wird vom lateinischen *caricare* {überfrachten, übertreiben} hergeleitet, das wiederum vom gallisch-lateinischen *carrus* {der Karren} abstammt. In der italienischen Kunst des 18.Jh. bezeichnete *Caricatura* die Überladung eines Gemäldes mit Inhalten, Details und Allegorien – aber auch die komisch verzerrte, spöttische oder übertriebene Darstellung charakteristischer Eigenschaften von Personen oder Gegenständen.

Die Übertreibung war und ist eine zwangsläufige Voraussetzung für die sinnliche Ausdruckskraft einer Karikatur, wobei die Auffassungsunterschiede zwischen Zeichnern und Gezeichneten, was komisch überzeichnet oder zynisch verzeichnet sei, nicht selten vor den Schranken der Gerichte entschieden werden mußten. Zu allen Zeiten waren mit spitzer Feder getroffene Karikaturen ihren Vorbildern ein Dorn im Auge: *»Gossenkunst«* dröhnte der letzte deutsche Kaiser angesichts der Blätter Heinrich Zilles, *»Zersetzende Zerrbilder eines Sachunkundigen über von interessierter Seite hochgespielte Pannen«* ereiferte sich ein Bundestagsmitglied über die Plakate des eingangs zitierten Klaus Staeck.

Selbst Wilhelm Busch, schon zu Lebzeiten volkstümliche Legende und humoristisches Denkmal der Nation, wurde als Misanthrop angefeindet, obwohl er außerhalb des Kulturkampfes kaum politische Verhältnisse aufs Korn nahm: *»...er sei ein heimlicher Sadist, seine Geschichten seien voller Rohheit, es komme kaum ein edler Zug in Ihnen vor, die Anständigen seien immer die Dummen und ihr Schicksal werde von einem billigen Hohn begleitet...«*. Niemand geringerer als Bundespräsident Theodor Heuss sah sich genötigt, Niedersachsens menschenscheues Universalgenie in seinem Werk *Die großen Deutschen* postum zu rehabilitieren: *»...der Mann, der mit Max und Moritz die Epopöe des so einfallsreichen wie rücksichtslosen Lausbuben geschrieben hat... war ein liebevoller Miterzieher seiner Neffen... nachsichtig im Kalkül des menschlichen Wesens... und kein Menschenfeind – sein Leben hat zuviel Züge der sorgenden Wärme – er verfügte lediglich über einen drastischen Humor, zu seiner Zeit dazu angetan, die falschen und eingebildeten Werte zu entlarven, den Idealismus an den Wirklichkeiten stranden zu lassen...«* Wobei für unsere bildfixierte Ära interessant ist, dass die Texte von Buschs Bildergeschichten seinerzeit populärer waren als seine unbestritten kongenialen Zeichnungen: die Verse konnten wegen ihrer eingänglichen Reime jederzeit von jedermann rezitiert werden.

Doch lassen wir zum Thema Meinungsfreiheit noch eine Stimme aus der Politik und einen Karikaturisten selbst zu Wort kommen, Hugh Gaitskell: *»Ein Politiker muß stets übertreiben, sonst hört niemand auf ihn«* – Kurt Halbritter: *»Die gute Karikatur kommt mit der Hälfte der Übertreibung aus, deren sich ein schlechter Politiker bedient.«*

Die erste Generation der deutschen Nachkriegs-Karikaturisten arbeitete sich langsam aus dem Untergrund des dutzendjährigen Reiches auf die Trümmerhalden der Besatzungszeit empor. Dort warten bereits ihre Themen: die Wohnungsnot, die Demontagen der Siegermächte, das Flüchtlingselend – als Flüchtlings*problem* ist es gerade wieder aktuell – und vor allem der Hunger. Die *reres politicae* jener Jahre reduzieren sich auf die Beschaffung von Kalorien. Ihr Mangel scheint sogar den kargen Ductus der mit harter Feder angerissenen Karikaturen zu prägen, allesamt schwarze Tatsachen über die Folgen des Krieges für die Menschen, kaum Humor – es gibt nichts zu lachen nach der Katastrophe.

Mirko Szewczuks Utopie von 1946 einer *Remontage* Deutschlands aus allen vier alliierten Besatzungszonen steht seine frustrierende *Demontage* gegenüber {Seite 9/10}. Seine Metapher für den *Eisernen Vorhang*, ein gigantisches zugesperrtes Schleusentor, durchschneidet mit frappierender perspektivischer Wucht das Bildformat wie das Land, das Schloss in unerreichbarer Höhe, die Wiedervereinigung in unerhörter Ferne – der Horizont ist nicht mehr zu sehen, kein Silberstreif, kein Land in Sicht {Seite 11}. Und ähneln die Mienen der hungrigen Kinder in seinem *Kalorienorchester* {Seite 12} nicht den verhärmten Hungergestalten die Käthe Kollwitz bereits am Ende des 1. Weltkriegs sah und für alle Zeiten festhielt?

Die 50er Jahre markieren Peter Legers Huldigung an Niedersachsens pflügenden *Landesvater* Wilhelm Kopf {Seite 15}, Scewczuks Rechtsradikale, die sich bereits 1952 wieder *unterm Laub regen* {Seite 16} und Wigg Siegls graphisch dichte Gegenlichtaufnahme des *Letzten Heimkehrers* aus russischer Kriegsgefangenschaft {Seite 18}.

Malerische Dichte und starke farbige Signale zeichnen in bester Tradition die Veröffentlichungen im *Simplicissimus* aus: Auch die einst *Grüne Heide* wird umgepflügt – doch die Panzerketten, die Max Radler 1956 gen Osten {nach rechts} rollen lässt, sähen nur Blut, blutrot auch wieder der Himmel, wie erst zehn Jahre zuvor beim Widerschein brennender Städte. So total verheert, wie das Naturparadies nach dem Manöver, wäre das ganze Land, wenn der kalte Krieg heiss würde {Seite 20}. Oder droht vom Horizont her bereits die Rote Gefahr, wie später auf Wahlplakaten der CSU? Wie auch immer, Radler gelingt mit reduzierten Mitteln ein überzeugendes Fanal gegen Wiederbewaffnung und Umweltzerstörung zugleich, für die im übrigen bei aller Sympathie mit Wolfsburgs Käferbiotop zunehmend das Automobil verantwortlich gezeichnet wird {Seite 21}.

In für diese Zeit ungewohnter praller Vielfarbigkeit marschiert 1957 Wirtschaftswunderminister Erhard an der Spitze einer *Wohlstands-Prozession,* in der Manfred Oesterle mit klerikaler Pos{s}e und passendem Bibelzitat die Fetische der Konjunktur parodiert {Seite 23}.

Im wiederum von Radler komponierten hochwirksamen Zweifarbenkontrast liest 1957 der in dominantem Schwarz am rechten Bildrand aufgebaute Schulmeister Konrad Adenauer in angedeutetem »Kölsch« den lediglich zu schwachem Grau schraffierten *Achtzehn Göttinger* Pennälern die Leviten, weil die führenden Physiker Deutschlands seiner Einschätzung nicht folgen mögen, daß *»taktische Atomwaffen nur eine Weiterentwicklung der Artillerie sind«*. Den ganzen Raum füllt ein alles überstrahlendes gelbes Licht... Weil fast unmerklich offen bleibt, wessen *»beschränkte Einsicht«* im Untertitel gemeint ist, gerät auch der Untertitel zur subtilen Satire {Seite 25}.

Die 60er bis 80er Jahre bieten den Karikaturisten zunehmend landespolitischen und wirtschaftlichen Zündstoff: Eine der Grossen Koalitionen wird von Wilhelm Hartung als königlich hannöverscher Hochzeitsreigen inszeniert, die EWG verregnet den Bauern die Ernten, während der Wolfsburger Käfer läuft und läuft – ohne zu stottern durch die Dekaden. Peter Leger wagt sich mit so hilflos-harmloser Gestik an den politisch heftig umstrittenen *Radikalenerlass* des Jahres '73 – als möchte er selbst noch einmal verbeamtet werden {Seite 39}. Von flirrender Dynamik dagegen ist die Zettelflut, die die große Marie Marcks für die *Große niedersächsische Zählaktion* von 1974 durchs Bild spült {S. 41}. Unter dem Einfluß Ottos geraten einige »Eigentümlichkeiten« der ostfriesischen Landeskinder unter die Federspitzen der Zeichner, ohne freilich mehr leisten zu können, als die sich bereits rein verbal verbrauchenden Ostfriesenwitze als Cartoon nachzuillustrieren. Erfreulich auflockernd wirkt sich das Genre allerdings auf Wilhelm Hartungs Strichführung aus, vergleicht man diese mit seinem *Prinzgemahl* des Jahres 1957 {Seiten 45, 46, 27}.

Anatomisch eigenwillig, im eigentlichen Sinne des Wortes *Caricatura* verzerrt, wirken die Hauptdarsteller in Hans Erich Köhlers *Strahleman Superstar*, eine der zahlreichen Persiflagen auf die öffentliche Gemütsverfassung von »Landesfürst« Ernst Albrecht {Seite 50}. Zur Kurswahl 1986 vergeht ihm allerdings das Lachen, Kanzler Kohl muss nachhelfen, denn aus dem Hinterhalt feixt Gegenspieler Schröder. Die dezente perspektivische Staffelung seines »Personals« erzielt Pepsch Gottscheber neben der kompositorischen Überschneidung vor allem durch eine graduelle Verdichtung seiner klassischen Freihand-Schraffuren {Seite 55}.

»Wegen zu starker Filzbelastung« schließt schließlich das Umweltministerium der Familie Griefahn. Das niedere niedersächsische Volk, einmal nicht als zipfelmützig-biederer »Deutscher Michel« sondern als perplexe Putzfrau charakterisiert, steht ausgesperrt und ratlos vor der Tür: Schrubber mögen vielleicht etwas gegen *Pilz- oder Asbestbelastung* ausrichten, aber Filz ist zäh und vor allem ein nachwachsendes Naturprodukt... Eine zündende Wort-Bild-Symbiose von Tomicek {Seite 79}, doch es braucht keinen Stilvergleich, um eine allzudeutliche formale Anlehnung an die längst eingeführte Handschrift des großen Vorbildes Horst Haitzinger festzustellen {Seite 95}.

Rolf Henn verzichtet auf Haitzingers typischen Schwellstrich {Seite 95} und geht stilsicher seinen eigenen Weg: Sicherer als Rita Süssmuth bei ihrem Antrittsbesuch auf dem maroden Kahn der Regierungspartei am Leineufer. Ein grafisches Novum in diesem Katalog sind Henns Rasterflächen, die einen wohltuenden Mittelton zwischen seinen homogenen, wohl eher mit dem Tuschefüller als mit der Feder gezogenen, Linien und den stark kontrastierenden schwarzen Flächen einführen – eine Darstellungstechnik, die erstmals in technischen Illustrationen aufttrat, später von Comiczeichnern und danach von den amerikanischen Vertretern der Pop Art angewandt wurde {Seite 56}.

War der strenge Strich der 50er und 60er Jahre noch bedingt durch die einfarbige Hochdrucktechnik der Zeitungen, erlaubte der Offsetdruck der 70er verstärkt das Arbeiten in gerasterten Halbtönen. Die Möglichkeiten des Vierfarbendrucks für Karikaturen werden allerdings nach wie vor hauptsächlich von Magazinen genutzt: man denke an Tetsches mit Filzstiften farbgekräftigte Kalauer im Stern, die farbstift- und acrylgetönten Botschaften Borislv Sajtinacs im Zeitmagazin, Ralph Steadmans fetzig aquarellierte Visionen im Playboy, Tomi Ungerers ätzend pigmentierte Arbeiten im Esquire. Und in memoriam: Hans Georg Rauch, dessen monochrome satirische Graphiken eine solche Vielfalt an Zwischentönen ausstrahlen, dass er ohne daraufgesetzte Farbe auskam.

Doch die Häufung farbiger Blätter aus den 90er Jahren für diesen Katalog überrascht nicht, bedenkt man, dass längst jüngere in der Comic- und Zeichentrickfilm-Kultur aufgewachsene Künstlergenerationen an die Zeichenbretter gedrängt sind. Deren Beiträge wurden teils als Erstveröffentlichung in die Auswahl aufgenommen.

Eines dieser Talente mit Marker und Spritzpistole signiert mit dem Pseudonym Nel. Niedersachsens Zonengrenzlage zog zwangsläufig Bild-Reaktionen der Zeichner auch nach der Öffnung des Zaunes nach sich: Nel drückt das durch die Deutsche Teilung halbseitig deformierte Denken der Grenzanrainer hüben und drüben durch eine »nur« gezeichnete, dennoch beklemmende pathologische Mißbildung aus, angesichts derer der lapidare Wortwitz dem Betrachter im Halse stecken bleibt {Seite 60}.
Urkomisch dagegen seine Vorstandssitzung, in der Nadelstreifen-Manager mit Schummelmentalität das während des Unterrichts verbotene Lieblingsspiel unserer Schülerzeit betreiben – Schiffe versenken {Seite 72}. Nels physiognomische Beobachtungsgabe läßt in seinem Blatt über die DASA Mensch und Maschine grafisch so analog miteinander kommunizieren, dass eine Sprechblase überflüssig ist {Seite 73}. Als sehr sehenswert ist auch sein für die Deutsche {Magnetschwebe-} Bahn entwickeltes Rezept gegen den Rinderwahnsinn einzustufen {Seite 81}.

Burkhard Mohr erspart uns 1996 den Gang in die Wahlkampfarena und entführt uns in das Reich der Fabel, als Zuschauer des Rennens zwischen Hase und Igel. Letzterer sitzt mit Gerhard Schröders schadenfroher Miene feist auf einem grünen Stuhl mit rotem Polster. Dieser in der Malerei sehr beliebte Komplementärkontrast zeigt, wie bedeutsam die klassische Farbenlehre auf den politischen Sprachgebrauch abgefärbt hat, neben wenigen der Verkehrserziehung entlehnten Richtungs-Definitionen {Seite 67}. Ein weiteres Blatt Mohrs lässt MdB Erika Schuchardt vertraulich aber auch ein wenig kokett am Bart des ziemlich ausgewachsenen Braunschweiger Löwen kraulen: Ob er ihr die erhobene Pfote zum einvernehmlichen Shake Hands reichen will, oder ob er nur weit ausholt, das allerdings lässt der Zeichner offen... {Seite 69}. Die norddeutsch reduzierte, mit zarten muffelgraublauen Aquarell-Lasuren kolorierte Storyboard-Sequenz von Burkhard Mohr, Mojn, erlaubt einen tiefschürfenden Einblick in den geistigen Tidenhub der Niedersachsen zwischen Marsch und Geest, zwischen Ebbe und Flut {Seite 85}.

Eine zurückhaltende Palette und Hinwendung zum historischen Detail zeichnen die Arbeiten des Heiko Sakurai aus, die mit ihrer aufwendigen Gestaltung weniger dem Cartoon als vielmehr dem Typus der Bilderbuchillustrationen zuzurechnen sind: Wirkt seine in Karikaturen schon häufiger zitierte Münchhausen-Episode in Verbindung mit Till Eulenspiegel etwas »an den Haaren herbeigezogen« {Seite 88}, so hat er den Übervater der zeichnenden Zunft, Wilhelm Busch, frei nach dessen 1894er Selbstportrait mit legitimer Verzerrung überzeugender getroffen. Hans Huckebein schaut ihm als schwarzer Genius über die Hutkrempe, und doch entgeht dem bösen Raben, daß seine berühmt-berüchtigten Gesinnungsgenossen nicht der Zeichenfeder des Meisters sondern mit dessen Rauchwolken entfleuchen. Dass letztere wiederum immer nur aus Buschens geliebter Meerschaumpfeiffe dampften, niemals aus einer profanen Zigarre, soll man Sakurai als Gestaltungsfreiheit nachsehen {Seite 89}. Erfrischenden Sarkasmus bannt er dafür in seine Göttinger Linke Szene Persiflage, die mit ihren im Hörsaal hervorragend beobachteten Alt-Kommunarden und deren Idolen nicht nur nostalgiebedürftigen Alt-68ern großen Spaß machen dürfte {Seite 87}.

Das Niedersachsenpferd: Königliches Symbol als demokratisches Motiv

Eine Anzahl der in diesem Katalog gezeigten doch bisher unerwähnten Karikaturen zeigt trotz aller Verschiedenheit der Entstehungszeit, des Themas, der politischen Tendenz und der künstlerischen Technik ein stets gemeinsames Hauptmotiv: Das sogenannte Niedersachsenpferd.
Und es ist semiotisch interessant, wie unter den Händen der Zeichner das aus der Feudalzeit des Mittelalters weitervererbte Landeswappen mit dem Sachsenross am Ende des 20. Jh. über 50 Jahre lang wieder verstärkt zum bedeutenden Träger unterschiedlichster politischer und sozialer Inhalte wird, wenn auch unter republikanischen Vorzeichen.

Belässt es Tierfreund Weber 1965 noch bei einer heraldisch passenden Umfärbung, halbieren Mussil und Hartung den ahnungslosen Gaul nach Münchhausenscher Gutsherrenart gleich in vitro, um ihn je nach politischer Windrichtung wieder mit neuen Hinterteilen zu koalieren {Seiten 32/33, 26, 31}.

Peter Leger weicht 1972 vom Schema des aufsteigenden

und eigentlich nur zweidimensionalen Wappenhengstes ab – und entleiht für seine Zwecke das plastische Pferd des letzten Königs von Hannover, so wie es auf dem Sockel vor dem Hauptbahnhof der Landeshaupstadt steht. Doch Ross und Reiter sind augenfällig mutiert: die kurzen *Dackelbeine* werden den vom Wählervolk frischgekürten, doch in so ungewohnter Höhe etwas verkrampft wirkenden, Landesvater Alfred Kubel samt seiner knappen 1-Stimmen-Mehrheit nicht weit tragen {Seite 38}.

Mit einem neuen Kavalleristen zeigt auch Klaus Pielert den königlichen Klepper, 1979 zügelt, anstelle von Ernst August, Ernst Albrecht das Wappentier kurz vor dem Sprung über die zu hohe Hürde der *nuklearen Wiederaufbereitung*, den schnaubenden Nüstern entfährt der Dampf in Form eines Atompilzes {Seite 52}.
1986 wird die müde Mähre zum erstenmal in ihrer Karriere gar selbst getragen, wenn auch nur von einer zittrig-dünnen Koalitionsmehrheit in einer Bildidee von Felix Mussil {Seite 54}.
Doch irgendwann wird es auch dem wohlerzogensten Wallach zu bunt, 1988 fliegt Ernst Albrecht nach etlichen Patzern beinahe vom Pferd und aus dem Rennen um die Macht. Rolf Henn renoviert hier das etwas antiquierte Witzgenre des Springteufels und des Boxhandschuhs, die per Spiralfeder erschreckend aus ihrem Behältnis herausschießen: den Sattel des Wappenrosses, inzwischen feste Allegorie für den Sessel des Ministerpräsidenten, funktioniert er technisch innovativ und inspiriert von James Bond und den Starfighterabstürzen, zum *Schleudersitz* um {Seite 56}.
Auch Albrechts »Thronfolger« Gerhard Schröder muß 1992 nach Henns Feder tanzen und im *Circus Maximus* sein Glück auf dem Rücken gleich zweier Zossen suchen. Der gewagte Dressurspagat zwischen Rot und Grün gelingt länger als erwartet – Schröder und Henn haben ihren Ben Hur gelesen... {Seite 64}.

Die unter Aspekten des Tierschutzes keinesfalls zu billigenden *Metamorphosen des Niedersachsenrosses* {Seiten 94/95} lassen das edle Tier auseinanderstreben, missbrauchen es zum Voltigieren reitunkundiger Kanzler, oder verwandeln es per Wahlzauber in einen sozialdemokratischen Centauren {eine Anspielung darauf, dass die Wiege der Demokratie an den Gestaden der Hellenen schaukelte?}. Warum nach diesen ersten Trabversuchen in die antike Mythologie keiner der Künstler auf die Idee kam, irgendeine der infamen neuzeitlichen Wahlschlachten mit einem *Trojanischen Pferd* zu illustrieren bleibt allerdings im Dunkel der Geschichte verborgen.
Erst Großmeister Horst Haitzinger befreit den in den engen zwei Dimensionen des Wappenschildes eingepferchten Schimmel, damit er dreidimensional nach Bonn galoppieren kann, um dort dem Kanzler leibhaftig auf den Schreibtisch zu *sch...* oder – ihn zu *veräppeln*, um in der Pferdesprache zu bleiben. Eine einfach geniale, weil genial einfache Umbildung eines Sprichwortes in ein Sinnbild {Seite 95}.

Burkhad Mohrs Blatt *»?«* schließt diesen Zyklus ab – das jahrhundertealte Wappenpferd hat die Postmoderne des Designs nicht überlebt: die radikale sinnentleerende Abmagerungskur zum roten »Punkt-, Komma-, Strich-Logo« auf weissem Grund hinterlässt nicht nur bei Freunden des Reitsports ein goßes Fragezeichen. Zu vage ist die Reminiszenz an die glücksbringenden gekreuzten Pferdeköpfe niedersächsischer Bauernhöfe {Seite 96}.

Zwischendurch, 1990, verhilft Peter Leger der welfischen Restauration vorübergehend zum Machtwechsel: S.M. Ernst August der Erste, letzter König von Hannover, der rechtmäßige Halter des Reittieres, sitzt wieder in seinem angestammten Sattel. Doch die darob unter dem Tschako *stolzgeschwellte Brust* bläht sich unköniglich wie unvermittelt zur Welt{ausstellungs}kugel, die Majestät achterwärts schier aus dem Sattel zu werfen droht. Sein treues {betroffen: *rechts* vorm Sockel} und weniger treues Volk {belustigt: *links* vorm Sockel} steht »unterm Schwanz« und harrt der Dinge, die da kommen werden... {Seite 62}.

So wird mit diesem gezeichneten Bild fast 50 Jahre später wieder einmal bestätigt, was Hans Guhr bereits 1948 anläßlich der Erstausstrahlung der *Funkbilder aus Niedersachsen* sagte: *»Niedersachsen ist zwar nicht die Welt, aber es liegt in der Welt«* und bereits das wiegt schwer...

Achim Frederic Kiel *ist Graphiker, Maler und Bildhauer, er lebt und arbeitet nach Studien- und Arbeitsaufenthalten in Berlin, Kopenhagen, London und New York in Braunschweig, Niedersachsen.*
Seine freien und angewandten Arbeiten wurden in die Fachliteratur sowie die Sammlungen von etlichen Museen zwischen New York und Jerusalem aufgenommen und mit bisher 40 internationalen Auszeichnungen gewürdigt. Zeichnerische Arbeiten von Achim Kiel wurden in über 80 Büchern, u.a. von Autoren wie James A. Michener oder Ken Follett, publiziert.
Zu Themen der Visuellen Gestaltung nimmt er in Vorträgen, Vorlesungen und Aufsätzen Stellung.

Nachwort der Herausgeber

»Karika-Touren durch Niedersachsen« ist ein offenes, wahres, provokantes Buch. Und ein bisher einmaliges dazu. Es bietet Geschichten und Geschichte. Es erinnert an Stolperstein und Erfolge. Es bietet Witziges und Bissiges, es adelt und tadelt, es stellt fest und bloß. Nachzusehen, wie denn nun die Karikaturisten über mehrere Jahrzehnte hinweg mit Niedersachsen und den Niedersachsen umgegangen sind, war eine besondere Herausforderung.

Das Ergebnis sind beinahe 100 Röntgenbilder, zu denen 32 Künstler ihr »optisches Juckpulver» beigesteuert haben. Beileibe keine akademisch-tiefsinnige Abhandlung, sondern vielschichtige lebendige Glossierung, Entdeckung der Vergangenheit, Kommentierung der Gegenwart, Leistungen, Erfolge, Hoffnungen werden deutlich, Fehlpässe nicht ausgespart. Grund zu kritischem Nachdenken, herzhaftem Lachen oder zumindest doch einem versteckten oder offenen Schmunzeln. Und so wird das Blättern in diesem Sammelband der gezeichneten Satire auf jeden Fall ein besonderes Vergnügen ...

Der Dank der Herausgeber gilt nach den Künstlern vor allem der Nord/LB und der Öffentlichen Versicherung Braunschweig, die durch ihr Kultursponsering das Entstehen des Buches und der gleichnamigen Wanderausstellung erst ermöglicht haben. Ohne die Unterstützung durch den Zeichner Wilhelm Hartung und Horst Huchthausen (Archiv Huchthausen), die unermüdlich in ihren Beständen »gekramt» haben, wäre die Bestandsaufnahme kaum zu realisieren gewesen. Ohne das Engagement und die Kompetenz einer beratenden Jury (vgl. Seite 103) wäre manches Schlaglicht oder mancher landesgeschichtliche Gesichtspunkt nicht entdeckt worden.

So ist »Karika-Touren durch Niedersachsen« zu einem aktuellen und lebendigen Zeitdokument, aber auch zu einem Spiegel niedersächsischen Alltags geworden. Daß der Mensch im zweitgrößten Land der Bundesrepublik dabei mit seiner Standfestigkeit und Phantasie, seiner Moral und auch seinen Leid-Bildern immer im Mittelpunkt steht, ist ebenso wichtig wie versöhnlich. Daß sich so viele Karikaturisten mit dem Land zwischen den ostfriesischen Inseln und den Wintersportgebieten des Harzes beschäftigt haben, ist kulturelles Geschenk und Überraschung zugleich.

Braunschweig/Bonn

Erika Schuchardt,
Walther Keim

Die Zeichner

BROCKMANN-M., HENRY, 1912 – 1968, zeichnete für die »Süddeutsche Zeitung« und den »Simplicissimus«, Buchveröffentlichungen. Schüler von Olaf Gulbransson.

ERNSTING, VOLKER, geboren 1941, lebt in Bremen. Freischaffender Karikaturist und Illustrator. Zeichnungen in »Pardon«, Zeitungen, Zeitschriften, Büchern und Kalendern.

GEBAUER, PETER, geboren 1964, Maschinenbauingenieur, lebt in Braunschweig. Betreibt Zeichnen als Hobby. Lokalpolitische Karikaturen, Oldtimer Comics, Till Eulenspiegel in der »Braunschweiger Zeitung«.

GOTTSCHEBER, PEPSCH, geboren 1946, lebt in München. Veröffentlichungen in »Süddeutsche Zeitung«, »Hannoversche Allgemeine Zeitung« und einer Reihe weiterer Zeitungen. Buchveröffentlichungen

HAITZINGER, HORST, geboren 1933, lebt in München. Früher Veröffentlichungen im »Simplicissimus«, heute u. a. für »Bunte«, »tz«, »Nebelspalter« und zahlreiche weitere Zeitungen, Buchveröffentlichungen.

HARTUNG, WILHELM, geboren in Westerwisch bei Cuxhaven, lebt heute in Reinbek. Doppelbegabung als Zeichner und Erzähler. Veröffentlichungen in vielen Zeitungen, zahlreiche Buchveröffentlichungen.

HICKS, WOLFGANG, 1909 – 1983. Arbeitete als Karikaturist für »Die Zeit« und »Die Welt«. Bildnachweis: Stiftung Haus der Geschichte der Bundesrepublik Deutschland, Bonn.

KÖHLER, HANNS ERICH, 1905 – 1983. Zeichnete für »Die Zeit«, »Frankfurter Allgemeine Zeitung«, »Nürnberger Nachrichten« und den »Simplicissimus«. Bildnachweis: Wilhelm-Busch-Museum, Deutsches Museum für Karikatur und kritische Grafik, Hannover.

LEGER, PETER, 1924 – 1991. Lebte als politischer Karikaturist in der Nähe von Hannover. Zahlreiche Veröffentlichungen »Hannoversche Allgemeine Zeitung«, »Süddeutsche Zeitung«, »Vorwärts«, Gewerkschaftsorgane. Buchveröffentlichungen. Nachdrucke mit freundlicher Genehmigung der Stiftung Haus der Geschichte der Bundesrepublik Deutschland, Bonn.

LUFF (ROLF HENN), geboren 1956 in Idar-Oberstein, lebt in Hennweiler im Hunsrück. Veröffentlichungen in zahlreichen Zeitungen. z.B. »Mainzer Allgemeine«, »Stuttgarter Zeitung«. Seit 1989 Jahrbücher mit Karikaturen.

MARCKS, MARIE, geboren 1922, Grafikerin und Karikaturistin, lebt seit 1948 in Heidelberg. Zahlreiche Zeichnungen für Zeitungen und Zeitschriften (»Süddeutsche Zeitung«, »Die Zeit«, »Vorwärts«). Buchveröffentlichungen z.B. »Marie, es brennt«.

MESTER, GERHARD, geboren 1956 in Betzdorf/Sieg. Seit 1984 als freier Karikaturist tätig. Lebt und arbeitet in Wiesbaden. Veröffentlicht in zahlreichen Zeitungen, Buchveröffentlichungen.

MOHR, BURKHARD, geboren 1959 in Köln, lebt und arbeitet in Bonn. Politische Karikaturen für den Bonner »General-Anzeiger«, die »Frankfurter Allgemeine Zeitung«, »Das Parlament«, den »Behördenspiegel« und den »Bundestag-Report«. Politiker-Grotesken in Eisen.

MUNZ ECKHART, 1921 – 1988. Lebte in Stuttgart. 40 Jahre Karikaturist der »Stuttgarter Nachrichten«.

MUSSIL, FELIX, geboren 1921 in Berlin. Wohnt seit 1955 in Frankfurt/Main. Zeichnet in der »Frankfurter Rundschau«. Erste politische Karikaturen ab 1948 in Hannover. Preisträger der »Gothaer Karikade« 1994.

NEL (JOAN COZACU), geboren 1953 in Klausenburg (Rumänien). Wohnt und arbeitet als freischaffender Cartoonist und Buchillustrator in Erfurt. Veröffentlichungen in verschiedenen Periodika (»Eulenspiegel«). Preisträger der »Gothaer Karikade« 1994.

OESTERLE, MANFRED, geboren 1928, Maler und Grafiker. Zeichnete für den »Nebelspalter«, den »Simplicissimus«, die »Süddeutsche Zeitung«, »Die Zeit«. Buchveröffentlichungen.

PARTY (JOSEF PARTYKIEWICZ), wohnt in Rösrath bei Köln. Neben malerischer Tätigkeit Veröffentlichungen zahlreicher Zeichnungen in Zeitungen, Zeitschriften, Illustrierten, Journalen und Fachblättern. Preisträger der »Gothaer Karikade« 1992.

PIELERT, KLAUS, geboren 1922 in Essen. Lebt und arbeitet als Karikaturist in Düsseldorf. Zeichnet u. a. für die »Westdeutsche Allgemeine Zeitung«, das »Handelsblatt«, den »Kölner Stadtanzeiger«, die »Neue Ruhr Zeitung«.

RICHARD, KARL-HEINZ, geboren 1918, lebt und arbeitet in Hannover. Zahlreiche Veröffentlichungen in der »Hannoverschen Presse«.

SAKURAI, HEIKO, geboren 1971 in Recklinghausen. Student der Germanistik, Geschichte und Politik. Zeichnet seit 1991 Karikaturen für die »Westdeutsche Allgemeine Zeitung«, außerdem Illustrationen für Verlage.

SAUER, JOSEF, 1893 – 1967. Mitarbeiter des »Simplicissimus« von 1953 bis 1967.

SCHWALME, REINER, geboren 1937 in Liegnitz. Lebt und arbeitet als Karikaturist, Illustrator und Gebrauchsgrafiker in Groß Wasserburg (Spreewald). Ständiger Mitarbeiter mehrerer Tageszeitungen, auch im »Eulenspiegel«. Preisträger der »Gothaer Karikade« 1992 und 1993.

RADLER, MAX, 1904 – 1971. Maler und Karikaturist in München. Mitarbeit seit 1946 beim »Simpl«, von 1953 bis 1967 beim »Simplicissimus«.

SIEGL, WIGG, geboren 1911. Lebte und arbeitete in München. Maler und Grafiker, Mitarbeiter des »Simplicissimus«.

STEIGER, IVAN, geboren 1939 in Prag. Zeichner, Film- und Fernsehautor. Lebt in München, seit 1969 arbeitet er in Deutschland (z.B. Karikaturen in der »Frankfurter Allgemeinen Zeitung«, Illustrationen von Büchern).

SZEWCZUK, MIRKO, 1919 – 1957, zeichnete für »Die Zeit« und »Die Welt«. Buchveröffentlichungen. Nachdrucke mit freundlicher Genehmigung der Stiftung Haus der Geschichte der Bundesrepublik Deutschland in Bonn.

TOMICEK, JÜRGEN, geboren 1957 im Allgäu. Lebt als Karikaturist in Werl-Westönnen. Veröffentlichungen in zahlreichen Zeitungen.

WEBER, HANS, Mitarbeiter des »Simplicissimus« um 1965.

WOLF, FRITZ, geboren 1918 in Mülheim/Ruhr. Lebt und arbeitet als Karikaturist in Osnabrück. Zahlreiche Veröffentlichungen in der »Osnabrücker Zeitung«.

Über die Zeichnerin Frau ALMUTH, die in der Nachkriegszeit (ebenso wie Karl-Heinz Richard) in der »Hannoverschen Presse« zahlreiche Karikaturen veröffentlichte, und über den Zeichner HEINZ KNOKE, dessen Illustration dem Buch von Karl Krolow »Deutschland deine Niedersachsen« (Hoffmann und Campe Verlag Hamburg) entnommen ist, konnten keine näheren biografischen Angaben ermittelt werden. Hinter dem in diesem Buch mehrfach verwendeten Pseudonym Timm Bruhns verbirgt sich der Bonner »Hofschüttelreimer« WOLF MOHR, der auch unter dem Namen Thomas Berg publiziert.

Mitglieder der Jury »Karika-Touren durch Niedersachsen«, denen die Herausgeber wertvolle Anregungen verdanken:

LOTHAR ALPERT
Marketingleiter der Öffentlichen Versicherung Braunschweig

GERD-ULRICH HARTMANN
Leiter Öffentlichkeitsarbeit und Pressesprecher der Öffentlichen Versicherung Braunschweig

DR. HORST-RÜDIGER JARCK
Leiter des Niedersächsischen Staatsarchivs Wolfenbüttel

ACHIM KIEL
in Braunschweig lebender und arbeitender Maler, Bildhauer und Graphiker, Art Director Pencil Corporate Art

AXEL RICHTER
Vorstandssekretariat der Norddeutschen Landesbank Girozentrale

DR. KLAUS VERHEY
Leiter des Studios Braunschweig des Norddeutschen Rundfunks

Die Herausgeber

SCHUCHARDT, ERIKA, Prof. Dr., Jahrgang 1940, Mitglied des Deutschen Bundestages, Professorin für Bildungsforschung an der Universität Hannover. Unter anderem seit 1972 gewählte Synodalin der Ev. Kirche in Deutschland und Mitglied in Gremien des Weltkirchenrats Genf. Seit 1984 Vizepräsidentin der Deutschen UNESCO-Kommission, seit 1993 Gründungsvorstand der Arbeitsgemeinschaft »Tschernobyl». Zahlreiche Veröffentlichungen, zum Beispiel »Warum gerade ich...? Leben lernen in Krisen».

KEIM, WALTHER, Prof. Dr., Jahrgang 1935, Ministerialrat, Leiter der Pressedokumentation im Deutschen Bundestag, lehrt an der Westfälischen Wilhelms-Universität in Münster. Zahlreiche Veröffentlichungen zu politischen, zeitgeschichtlichen und historischen Themen in Zeitungen und Zeitschriften. Herausgeber vieler Karikaturbände, zuletzt »Rheingold in märkischem Sand – Karikaturisten sehen Deutschland zwischen Bonn und Berlin» sowie »Hotline – Karikaturisten sehen die schöne neue Medienwelt» (beide mit Hans Dollinger).

Zeittafel

01.11.1946	Entstehung des Landes Niedersachsen
23.11.1946	Hinrich Wilhelm Kopf, erster (ernannter) Ministerpräsident Niedersachsens
20.04.1947	Erste Landtagswahl. Nach weiteren Wahlen bleibt Kopf bis 1955 Ministerpräsident
1947/1948	»Kartoffelkrieg« und »Hungermarsch« streikender Werktätiger / Gründung der Hannover-Messe
01.05.1951	Vorläufige Niedersächsische Verfassung tritt in Kraft
24.04.1955	Landtagswahl. Bürgerliche Koalitionsregierung, Heinrich Hellwege Ministerpräsident
19.04.1959	Landtagswahl. Koalitionsregierung Ministerpräsident Kopf
21.12.1961	Tod des Ministerpräsidenten Kopf. Nachfolger wird Georg Diederichs. Bleibt MP bis 1970
17.02.1962	Sturmflut
11.09.1962	Eröffnung des größten Vogelparks der Welt in Walsrode. Landtag bezieht das Leineschloß
24.10.1963	Grubenunglück von Lengede
14.06.1970	Landtagswahl nach vorzeitiger Parlamentsauflösung. SPD-Regierung unter Alfred Kube
09.06.1974	Landtagswahl. CDU erstmals stärkste Partei. SPD-FDP-Koalition mit Alfred Kubel. Gebietsreform als verfassungsmäßig anerkannt
01.07.1974	In Wolfsburg läuft der letzte VW-Käfer vom Band, in Emden am 19.01.1978
06.02.1976	Landtag wählt überraschend Ernst Albrecht (CDU) zum Ministerpräsidenten. Vier Albrecht-Kabinette bis 1990. Beginn der Atommüll-Diskussion (Gorleben)
01.02.1978	Gebietsreformgesetz Niedersachsen
22.08.1981	Erster Tag der Niedersachsen in Celle
08.06.1983	20. Deutscher Evangelischer Kirchentag in Hannover
13.05.1990	Landtagswahl. Koalitionsregierung SPD/Die GRÜNEN. Ministerpräsident: Gerhard Schröder (SPD)
03.10.1990	Wiedervereinigung. Hilfe Niedersachsens besonders für Sachsen-Anhalt
01.06.1993	Neue Landesverfassung tritt in Kraft
13.03.1994	Landtagswahl. SPD-Alleinregierung unter Gerhard Schröder
01.11.1996	50 Jahre Niedersachsen